LES DÉLASSEMENTS

INSTRUCTIFS ET RÉCRÉATIFS

DES

JEUNES CHARPENTIERS

OU

Conseils, Préceptes et Légendes

A EUX ADRESSÉS PAR

Un Vieux Gâcheur Troubadour

Pierre-Marie EYERRE aîné

Ancien Président du Conseil des Prud'hommes pour les industries diverses

ET

AUTEUR DE L'ALPHABET DU CHARPENTIER

PRÉSENTEMENT

Improvisé rimeur en désespoir de cause,
Afin d'un peu tuer le temps dont il dispose.

Se trouve chez divers Libraires,

Et chez les Mères des Bondrilles.

PARIS

1865

LES DÉLASSEMENTS

INSTRUCTIFS ET RÉCRÉATIFS

DES

JEUNES CHARPENTIERS

OU

Conseils, Préceptes et Légendes

A EUX ADRESSÉS PAR

Un Vieux Gâcheur Troubadour

Pierre-Marie EYERRE aîné

Ancien Président du Conseil des Prud'hommes pour les industries diverses

ET

AUTEUR DE L'ALPHABET DU CHARPENTIER

PRÉSENTEMENT

Improvisé rimeur en désespoir de cause,
Afin d'un peu tuer le temps dont il dispose.

Se trouve chez divers Libraires,

Et chez les Mères des Bondrilles.

PARIS

1865

IMPRIMERIE PRISSETTE, PASSAGE KUSZNER, 17.
MAISON PASSAGE DU CAIRE, 17.

AUX LECTEURS.

Un artisan perclus, en rime peu choisie,
Tirant de son cerveau, des vers de Charpentier,
Ose ici les produire en demandant quartier
Pour sa muse, lecteurs, à votre courtoisie.

Vous me direz pour sûr, voyant ma poésie :
Retourne donc au bois puisque c'est ton métier...
Ah ! je le voudrais bien !... Mais quel est le chantier
Où l'on embauche l'âge et la paralysie ?...

Guère n'était urgent que tu fisses des vers,
Me direz-vous encore ; et, si tout de travers
Ils ne sont pas tournés, c'est qu'un Dieu te protége !...

Tout beau !... C'est trop d'honneur pour un pauvre musard
Et remonter si haut serait un sacrilége !
Ou bien si c'est un Dieu, c'est le Dieu du hasard...

INTRODUCTION.

En publiant ce petit opuscule, j'ai le désir et l'espérance d'être utile et agréable aux jeunes gens qui se destinent à pratiquer notre rude et périlleux métier, et je souhaite que la lecture de *mes vers* les fassent sourire en les instruisant. Certes, je dois être un assez mauvais poëte, et je prie mes lecteurs d'être persuadés que, sans le cas exceptionnel où je me trouve, et qui atténue un peu mes torts, je ne me serais certainement pas hasardé à leur dire :

Écoutez mes conseils, souffrez ma poésie,
Elle est le résultat de ma paralysie,
Ce malaise peut faire (oui, j'en suis le garant),
D'un Charpentier passable un rimeur ignorant.

Ce petit livre est dédié à tous les jeunes Charpentiers indistinctement, et si je parais être favorable à la Société du Compagnonage, c'est que depuis plus de quarante ans que j'ai été admis à en faire partie, j'ai acquis la certitude que son but est aussi moral que philanthropique, et que la majeure partie des griefs qu'on affecte de lui reprocher ont presque toujours été le résultat des agressions de ses adversaires.

Que de déplorables luttes aient eu lieu pour les motifs les plus futiles, c'est ce que personne n'entreprendra de nier ni de justifier, mais rien ne prouve que ce soit le Compagnonage qui les ait provoquées, puisque ces luttes étaient contraires à ses intérêts et au but qu'il se propose, à savoir : l'instruction et la moralisation de ses membres. Malgré cela, de ce qu'il n'a pas toujours eu la résignation de tendre la joue gauche après avoir été frappé sur la droite, ses détracteurs ont jeté les hauts cris, disant :

Un Compagnon, c'est fort méchant,
Quand on l'attaque il se défend...

Aujourd'hui, nos mœurs étant adoucies, il y a lieu d'espérer que toutes ces collisions ont fait leur temps et ne se renouvelleront plus, que le Compagnonage désireux de prouver son utilité, ne voudra plus que concourir au progrès de notre art, et s'attachera à vivre en bonne intelligence avec tout le monde.

A propos des Chemins de fer, à l'origine desquels l'art de la Charpente a prêté un aussi utile qu'intelligent concours, j'ai essayé de rendre un respectueux hommage au savant et courageux ingénieur à qui la France doit la construction de ceux de Paris à Corbeil, Orléans et Lyon. J'ai eu l'honneur d'être alors employé dans son service, et j'ai encore présent à ma mémoire l'énergique persévérance qu'il a déployée pour mener ces travaux à bonnes fins, dans ces temps de doute et d'hésitation où l'on disait à la tribune parlementaire que cette invention, qui immortalisera le dix-neuvième siècle, ne serait jamais qu'une *utopie* ou qu'un *joujou ruineux.*

Si, par impossible, ce modeste souvenir parvenait jusqu'à lui, puisse-t-il n'y voir que la respectueuse expression de ma sincère reconnaissance...

Au canal du Guétin, commença la carrière
Du savant que je veux célébrer dans mes vers,
D'Orléans à Lyon, dans mille cas divers,
Son nom fut acclamé par la classe ouvrière...
Brunoy, Changis, Moret, Combe-de-Fins altière,
Beaux ponts et viaducs élancés dans les airs,
Souterrain de Blaisy, près voisin des enfers!...
Il vous a tous construit, soit de fonte ou de pierre!...
D'autres pays encor font voir par ses travaux,
Les terrains nivellés rendus maîtres des eaux;
Diriger la vapeur dans sa marche intrépide...
Maintenant à Cherbourg, à Rouen, à Fécamp,
Il organise tout par son coup d'œil rapide,
Comme un bon général au milieu de son camp!...

En parlant de divers auteurs qui ont écrit sur notre art, j'ai entrepris de rappeler qu'à Fourneau revient l'honneur d'avoir rendu le dessin du trait de Charpente intelligible pour tous; honneur que quelques savants modernes semblent vouloir lui dénier. Ils lui reprochent des erreurs théoriques qui, à mon avis, sont fort contestables, et qui dans tous les cas auraient pu être relevées moins durement, tandis qu'eux-mêmes ont fait plusieurs *loups* pratiques que ne feraient certainement pas nos plus jeunes *lapins*. Ainsi, pouvons-nous dire avec conviction :

Fourneau, *tout bien compté, fut (soit dit entre nous)*
Quoique bien moins savant que ses savants critiques,

Praticien hors ligne un peu meilleur qu'eux tous,
Malgré leurs froids dédains, leurs dires ironiques...

Jusqu'à ce jour, les ouvriers Charpentiers se sont pratiquement instruits entre eux, et il faut bien qu'ils continuent à le faire; car si nous avons été assez souvent critiqués et fort spirituellement plaisantés sur notre mode d'instruction, personne encore parmi ces sévères critiques ne nous a aidés ni encouragés.

Espérons, mes camarades, qu'il n'en sera plus de même, et que, de leur côté, les jeunes gens qui se destinent à la pratique de notre état, chercheront au préalable à acquérir les connaissances théoriques qui en sont la base.

Notre métier est pénible et dangereux, et son importance, de même que ses qualités, passent souvent inaperçues pour le plus grand nombre. Mon but est de vous le faire aimer en vous en parlant en termes récréatifs, mais en ne vous déguisant pas qu'il exige une vocation très-prononcée et beaucoup d'abnégation de la part de ceux qui l'exercent...

Si j'y peux réussir, à vos santés je bois ,
Le hasard voudra bien que ça rime parfois!...

Sur ce, je suis votre bien affectionné,

EYERRE AINÉ.

Juillet 1864.

N. B. Je me doute bien que quelques parties de ce petit livre n'intéresseront pas beaucoup les personnes à l'esprit exclusivement positif; aussi n'est-ce que sur les parties sérieuses que je désire appeler leur attention.

A Monsieur PETIT

Entrepreneur de travaux publics, et mon ancien camarade d'atelier, qui a fait imprimer ce petit livre.

Monsieur Petit, vous l'avez dit,
Je ne mourrai pas inédit...
Mais n'est-ce pas une folie,
Si la contrainte est abolie,
De risquer ainsi vos écus
Sur des vers qui seront peu lus?...
Si par hasard on peut les vendre,
Je pense bien pouvoir vous rendre,
Près d'un Pâque ou d'un carnaval,
Sans intérêts le principal...
Mais, croyez-moi, quoiqu'il arrive,
Que j'aille ou non à la dérive :
Je serai votre affectionné
Toute ma vie...

EYERRE *aîné*.

Le 1er avril 1865.

LE CONSEILLER PRATIQUE

DU

JEUNE CHARPENTIER

ÉCOUTE APPRENTI!...

Tu dois savoir braver Charpentier courageux,
Les frimats, la chaleur et les temps orageux!...
« De Paris au Pérou, du Japon jusqu'à Rome, »
La Charpente est un art que le savant renomme...
DELORME, RONDELET, le colonel EMY,
Sont bons à consulter... Mais crois-moi, mon ami :
JOUSSE, FOURNEAU, GUÉRIN, ont droit à tes hommages,
Étudie avec soin leurs différents ouvrages.

I.

Des murs sur *le tas* connaîtras,
L'angle, l'aplomb, le percement;
L'épure ensuite tu *battras*,
Avec grand soin, et nettement.

II.

Aux pans de bois observeras,
Fruit, *charge*, aussi le *roulement*
Puis ensuite tu poseras,
Refends d'aplomb, correctement.

(1) Voir les notes à la fin.

III.

Dans les planchers te gareras,
De vide et feu soigneusement;
Les bois sur *champ* tu placeras,
Surtout veille au nivellement.

IV.

Le comble, tu l'ébliras
Et poseras habilement;
Dans les chénaux tu laisseras
Passage aux eaux fort amplement.

V.

En voussures consulteras
Le vieux DELORME prudemment;
Conseils aussi demanderas,
A RONDELET utilement.

VI.

Pour l'Escalier étudieras,
L'*Échappée* attentivement;
Et quand tu *débillarderas*,
Contente l'œil parfaitement.

VII.

Les Cintres tu combineras,
Et poseras habilement;

Et lorsque tu décintreras,
Tâte la voûte doucement (2).

VIII.

Quand un étai tu serreras,
Il faut le raidir fortement;
Et quand tu le desserreras,
Ne t'y prends pas brutalement.

IX.

Les Pilotis quand tu battras,
Conduis d'aplomb l'enfoncement;
Et quand tu les arracheras,
Hisse et bats simultanément.

X.

Les Échafauds tu construiras,
Sans porte-à-faux aucunement;
Et, quand tu les démoliras,
Ménage bien le monument.

CONSEILS SUPPLÉMENTAIRES.

Je *repérore*, — Écoute encore :
Veillant au grain,
N'oubliant rien;
Calcul en tête,
Toujours en quête,
On est admis
Pour bon commis.

Rouvet fut sage, — en cet adage (3) :
Le bois dans l'eau
Paraît fort beau...
Mais prends-y garde,
Et le regarde,
Pour comme il faut,
Voir son défaut.
Suis cette guise — ou mal t'avise...

L'ART DE LA CHARPENTE.

La Charpente est l'art de bâtir solidement en bois tout ce qui peut suppléer ou être utile à la construction des ouvrages en Maçonneries.

Elle est, par la bonne combinaison de ses assemblages, la sûreté du constructeur, et, par sa structure, l'Ostéologie du bâtiment.

(Mon père).

C'est en vain qu'un jeune homme, au sang lourd, sans vigueur,
Pense, de notre état, affronter la rigueur.
S'il ne ressent en lui le désir de s'instruire,
S'il est indifférent au plaisir de construire;
Dans ses projets sans cesse il restera craintif;
Le Trait lui sera dur et le compas rétif...
O vous donc, qui sortant de l'âge où tout enchânte,
Briguez l'instruction dans l'art de la Charpente;
N'allez pas lâchement vous laisser démonter
Par des dégoûts trompeurs qu'il faudra surmonter;
Fuyez de ces dégoûts les vains et faux oracles,
Et travaillez sans crainte à vaincre les obstacles...

La Charpente dans l'art de la construction,
Veut être étudiée avec attention.

Modeste complément de notre architecture (4),
D'un édifice elle est la solide ossature;
Si son rôle n'est plus si brillant de nos jours,
Elle est toujours utile et le sera toujours.
Avec les os du corps par son analogie,
De tout un bâtiment c'est l'ostéologie (5).
Bien qu'elle en soit la force et la solidité,
Rarement on fait droit à son utilité;
Sinon l'homme savant, qui, dans l'art de construire,
Sait bien apprécier tout ce qu'il peut produire.

Notre métier est vieux, — des auteurs en renom
En font le plus ancien, — d'autres disent que non;
Cependant, de Memphis et de Thèbes, les pierres
Ne furent sans engins extraites des carrières;
Et, pour les mettre en place ainsi dans leur entier,
Il fallut bien avoir recours au Charpentier...
La lyre d'Amphyon, dit la légende antique, (6)
Fit tout; — mais l'échafaud fit plus que la musique.

Le fer, nous a-t-on dit, a tué votre état:
Pour toujours la Charpente a perdu son éclat,
Et le bois, désormais pour construire inutile,
Ne veut être employé que pour œuvre futile...
Halte-là! s'il vous plaît... Ne vous pressez pas tant :
Le fer a son mérite. Oh! le fait est constant...
Mais le bois n'est pas mort encor, je vous l'assure,
Avant peu l'on saura dans certaine mesure

Le marier au fer dans la construction;
Par ce nouveau moyen, c'est ma conviction,
L'art de bâtir pourra créer un bon système
Qu'il est bon, je le crois, d'étudier quand même...

Un maître Charpentier qui voudrà réussir,
Doit être fort actif, et ne pas trop dormir.
Dès l'aube, le matin, qu'il se mette à l'ouvrage,
Et jusqu'au soir encor qu'il lutte avec courage;
Le travail manuel pour lui n'est un besoin,
La fatigue de corps ne servirait à rien;
Ce qu'il faut au PATRON, plus que force brutale,
C'est : commandement ferme, autorité morale.

Un vigilant GACHEUR, à son travail ardent,
Doit être affable à tous, sévère cependant.
Il connaîtra du TRAIT l'inflexible logique,
Saura *l'escamoter* parfois dans la pratique. (7)
Tel un vaillant guerrier, dans un jour de combat,
Sait passer par-dessus l'école du soldat;
Tel un adroit GACHEUR, en battant ses épures,
Sait les simplifier dans de justes mesures;
Mais sans que toutefois jamais dans son tracé,
Par trop d'omissions il soit embarrassé.

Un apprenti jaloux d'acquérir la science,
Doit en obéissant prouver sa patience.
Qui sut bien obéir, aura pour commander
Un droit incontestable, et pourra demander

Qu'on agisse envers lui sans nulle impolitesse,
Ainsi qu'il aura fait au temps de sa jeunesse.

Après ce préambule, il me faut commencer
Pour atteindre mon but, mes jalons à placer...
Écoutez aujourd'hui ce que je vais vous dire,
Si çà vous instruit peu, cela ne peut vous nuire,
Les avis d'un ancien sont bons à recevoir :
S'il radote parfois, parfois il peut avoir
Encor de bons moments où son esprit lucide,
En parlant du passé, de l'avenir décide.

D'abord, de la pratique il me faut expliquer
Les premiers éléments. — Comment faut-il *piquer*
Pour les bien *établir*, les bois qui sur l'épure
Sur lignes sont placés en exacte mesure?...
D'une main sûre et ferme approches-en le plomb
Au plus proche des joints : *le manche raide-aplomb;*
A l'aide du compas *aligne la polaine*,
Et, sans rien plus bouger, *pique* tout d'une haleine.
Que ce *manche* surtout ne touche pas au bois,
Et quoiqu'en dise Émy, de Fourneau suis les lois.
Ses principes ici te seront plus utiles
Que ceux du Colonel qui ne sont pas habiles...

Comment *Contrejauger* tous ces bois justement?
Surtout bien opérer avec entendement. —
Mathurin Jousse a dit : Le bon d'un assemblage
Est là... Prends pour ce faire un homme vif et sage;

Qui place son niveau d'aplomb, bien carrément,
Son compas à la main, tenu solidement,
Ramassant chaque ligne à sa droite, à sa gauche :
Par ainsi l'assemblage est parfait et sans *gauche*...

Pour parler théorie, il faut étudier
Les lois de la statique et sans les oublier.
Si les praticiens essayaient cette étude,
Le temps leur manquerait, mais parfois on l'élude;
Témoin, dit RONDELET, le beau pont d'Orléans
Voûté tout au rebours depuis plus de cent ans. (8)
Cela ne prouve pas qu'il sera toujours sage
De tricher la science avec grand avantage;
Et ne doit pas non plus nous donner à penser
Qu'on peut facilement toujours la compenser
Par divers procédes prônés par la routine,
Dont on ne connaît pas les lois ni l'origine...

Cet auteur, de FOURNEAU, parle peu poliment...
Fut-il donc infaillible? — Oh! pour ça nullement!...
Il a fait quelques *loups* d'assez grande importance,
Qui, sans faire de tort à son intelligence,
Nous donnent à penser que de sots artisans,
Ont dû le renseigner... ou de mauvais plaisants.

Quittons la théorie, et reparlons pratique;
Il faut que de nouveau sur elle je m'explique.

EN CHARPENTE VEUX-TU NE RIEN FAIRE AU HASARD?
ÉCOUTE, ET RETIENS BIEN APPRENTI DANS CET ART!...

Afin de ne jamais te tromper en ÉPURES,
Il faudra *sur le tas* relever tes mesures.
Sur les murs vérifie, et bien exactement,
Les angles, les aplombs, et chaque percement.
Consulte tout tes plans : Il est fort nécessaire
De les savoir par cœur, afin de pouvoir faire
Les opérations ayant pour résultat
Le bon tracé graphique, et l'épure en état.

Toutes fois qu'un PLANCHER il te faudra construire,
Crains le vide et le feu, car ils pourraient te nuire.
Évite-les toujours, et pour placer tes bois,
De la solidité suis constamment les lois.
Examine tes plans aux différents étages,
Pour la baie et pour l'âtre; ainsi sont les usages,
Le bois placé de *champ* est souvent *refendu*,
Son *sciage* est dessous, justement défendu.

Dans tous les PANS DE BOIS, avec un soin extrême
Tu règleras l'aplomb, le *roulement* de même.
Pour poser les *refends* il faudra les dresser
Dans le sens vertical; ensuite il faut placer
D'alignement les droits; pour d'autres suis la trace
Ou l'indication des parpaings mis en place.
Mets *à fruit* la façade, observe avec grand soin,
La place des appuis et *la charge* où besoin.

Le COMBLE que souvent un bâtiment domine
Doit être en bois de choix, stable et de bonne mine.

Il faut pour l'établir, un Charpentier savant,
Mais aussi la pratique est utile souvent.
Combine tous tes bois avec intelligence,
Ceux qu'ils pourraient gêner seraient sans indulgence;
Et pour livrer toujours un bon passage aux eaux,
Larges et très-profonds, fais, crois-moi, les chénaux.

Les Voussures parfois sont faites en charpente,
Quand tu les construiras, consulte avec entente
Les ouvrages divers de nos savants auteurs,
Delorme, Rondelet, en ce cas sont docteurs;
Le système d'Emy certes a du mérite,
Et parait élégant... Mais n'y va pas trop vite
Pour le mettre en usage... Un savant général,
Dans un docte rapport l'a critiqué pas mal... (9)

Pour faire un Escalier il sera bon de prendre
Le plus beau de ton bois, mais non pas le plus tendre.
Combine l'*échappée* au calcul, au compas;
Pour elle je te dis : *Gâcheur* ne t'endors pas!...
Pour le *gironnement*, connais la théorie:
Mais ne t'en sers jamais au chantier, je t'en prie.
Tâtonner vaudra mieux; et pour *débillarder*,
Quand l'œil sera content, rien plus à demander.

Pour un bon Pilotage, il faut en assurance
Réunir à la fois la force à la prudence,
Chasse à force la *frette*, et fais artistement

La place du *sabot* et son ajustement.
En battant le *Pilot*, en le mettant en *fiche*,
Conduis-le bien d'aplomb, de peines ne sois chiche.
Quand tu l'arracheras, il faut en même temps,
Hisser et battre sec, parfois assez longtemps.

En plaçant des Étais, arrête leur *serrée*,
Que *la détente* soit solidement *ferrée;*
Raidis tout fortement, assure-toi très-bien
Que la solidité ne demande plus rien.
Après, pour desserrer; n'y vas pas saccades,
C'est un mauvais moyen.—Surtout point de bravades...
Dans ce travail ingrat procède prudemment,
Et fait face au danger sans broncher, froidement.

Pour qu'un Cintre assemblé nargue toute critique,
Fais-le fort et léger pour la pierre ou la brique.
Suis le premier conseil pour la solidité,
Mais le second, je crois, veut être médité.
De le bien combiner, si tu te crois capable,
Rondelet te dément.—Est-ce bien véritable?...
En tout cas pose-le toujours soigneusement;
Tâte, pour décintrer, la voûte doucement.

Lorsque tu veux construire un bon Echafaudage,
Évite avec grand soin la *bascule* au levage.
Il faut pour ce travail des hommes courageux,
Et pour qui les dangers ne semblent que des jeux...

Songe qu'en négligeant de guider la manœuvre,
Un traître *porte-à-faux* peut ruiner ton œuvre...
Tu feras la dépose avec précaution,
Afin de ménager l'ornementation.

Bien souvent Jean Rouvet, l'inventeur du *flottage*,
Au Charpentier du temps répéta cet adage :
De tout bois garde-toi quand on le voit dans l'eau;
Son aspect est trompeur, il parait toujours beau...
Tiens ton bout fortement quand vient le mesurage,
Ne cède pas ton droit, à cela je t'engage;
Ne suis pas mon conseil, et tu verras bientôt
Ton adversaire en rire et te traiter de sot.

A bien veiller au grain qu'un bon Commis s'attache,
Pour lui la négligence est une laide tache.
Et qu'il se garde bien d'oublier ce secret :
« Cinq et quatre font neuf; ôtez deux, reste sept. »
J'ai connu maintes gens qui fermèrent boutique
Pour avoir négligé ce peu d'arithmétique.
C'est pourquoi je répète : En recevant tes bois,
Compte et recompte encore, et regarde à deux fois...

Étudiez le Trait.. Il est par excellence,
De l'art du Charpentier le guide et la science.
Il fait tracer la *rampe* et les projections
Du bois qu'on établit par opérations
Fort attentivement poursuivez-en l'étude,
Pour qu'à vos modelés il serve de prélude...

C'est aussi le moyen de *déverser* les bois
Pour les *mettre dedans* suivant de bonnes lois.

Il faut examiner comment sur les épures.
La pratique s'en sert dans de justes mesures.

Elle voit dans le Trait des lignes en renom,
Qu'elle désigne ainsi : (chacune ayant son nom)
C'est la ligne *qui place*, et la ligne *qui perce;*
C'est la ligne *qui coupe*, et celle *qui déverse.*

Lorsque l'on connait bien toutes leurs fonctions,
On est sûr et certain des opérations.

Par la ligne qui place, on met sur une épure,
Tous les bois *en chantier*, des niveaux l'on s'assure.
Quand au travers du bois son signe est *embarré*,
Elle reçoit pour nom : *Le trait raméneré.*
Ce mot veut exprimer que par elle on ramène
D'une épure sur l'autre, à sa place certaine,
Une pièce de bois qui doit dans son entier
Être deux fois au moins rapportée en chantier.

Vient la ligne qui perce : elle indique la pente
Des mortaises qu'on trace avec art en Charpente;
Sur l'épure on la voit marquer uniquement
La *rampe* d'une panne... On la *bat* rarement;
Mais à l'étude il faut en indiquer la place
Pour ne pas oublier comment elle se trace.

Par la ligne qui coupe, on reconnait d'un joint,
Ou d'une entaille aussi la limite et le point.
Il faut pour la tracer la plus grande prudence
Et de l'épure avoir l'entière connaissance;
Quand la *croix* la *repère*, on peut sans se tromper,
Dans sa direction tout au travers couper.

Disons pour expliquer la ligne qui déverse,
Qu'elle doit être aplomb soit qu'on *pique* ou qu'on perce;
Son importance est grande, et son utilité
Fut longtemps méconnue et sans autorité;
Pourtant d'un bon principe elle est certes formée,
Et l'on doit s'en servir souvent sur la *plumée*...
Qui tracera fort bien ces lignes au chantier,
Aura droit de se croire assez bon Charpentier.

Une opération qu'il est fort nécessaire
De connaître en principe, et qu'il est bon de faire,
C'est qu'en taillant un comble il faudra *dévoyer*
L'arêtier ou la noue avant de l'employer.
Rondelet la néglige, et d'autres font de même
Sans nous dire pourquoi... Cependant ce système
S'il n'est obligatoire est malgré ça fort bon;
Ce n'est que rarement qu'on en fait abandon.
Emy le prône trop, Fourneau, l'homme pratique,
A dit plus simplement dans quel but on l'applique;
Le Charpentier s'en sert pour sa commodité
Sans chercher l'élégance ou la solidité.

Le Colonel, je crois, vante trop ce système,
C'est au point que parfois il tombe dans l'extrême.

Ensuite des auteurs cités précédemment
Pour des autorités, il faut premièrement
Offrir une juste hommage à PHILIBERT DE L'ORME
Qui donne à la Charpente une légère forme;
Son livre utilement peut être consulté,
Il est de bon conseil et doit être écouté.

MATHURIN JOUSSE après réclame ici sa place,
L'ingénieux Fléchois fort carrément nous trace
Les règles de notre art. Il parle aussi du TRAIT,
D'affutage d'outils en Charpentier parfait.

Voici venir FOURNEAU. Dans son livre pratique,
Cet habile artisan nettement nous explique
Les procédés du TRAIT... Il n'est pas sans défaut,
Affirment des savants. — A tout le moins il faut
Reconnaître en passant, et ce sera justice,
Que l'honneur lui revient d'être entré dans la lice
Quand aucun ne prenait souci du Charpentier,
Pour décrire en détail les règles du métier...
Soyons reconnaissants, honorons sa mémoire :
Son passage ici-bas n'a pas été sans gloire!...

Après vient HASSENFRATZ, ADHÉMARD; RONDELET
Qui nous blâme de faire abus dans le NOULET

De la difficulté de ses joints d'assemblage;
« C'est, pense-t-il, pour nous, sans aucun avantage.
« Il est peu méritant, et c'est même un défaut
« De *délarder* le bois beaucoup plus qu'il ne faut... »
On peut facilement donner pour la réplique
A l'accusation, que jamais en pratique
On ne reprochera sans doute au Charpentier
De faire ce travail abusif au chantier.
Mais ne blâmez pas trop pour ce fait un élève,
Car son instruction par cet abus s'achève;
Quand un *délardement* suffira pour son bois
Croyez bien qu'à pied d'œuvre il n'en fera pas trois.
Son *Singe* pour le sûr y tiendrait la main haute,
Et ne permettrait pas qu'il fît si lourde faute...
L'exagération est admise souvent
En problème je crois même par le savant.

De tous nos bons auteurs poursuivons la revue,
Leur science pour tous veut être mise en vue.
Je vais citer encor Doulliot, puis, enfin,
Emy clot cette liste, à leur nombre met fin.
Forts dans la théorie, ils ont peu la pratique;
Intelligiblement aucun d'eux ne l'explique;
Mais d'un commun accord ils critiquent Fourneau...
Sans doute ces savants n'ont rien fait que de beau?...

Les uns, sans *dévoyer* l'arêtier ni la noue
En démontrent le *trait*... Faut-il qu'on les en loue? —

Conseillons-leur plutôt d'être plus indulgents,
Ou de faire mieux qu'eux en critiquant les gens.
En nous parlant des bois *en chantier* sur l'épure,
Cet autre étourdiment se pique à la *piqûre.*
Vraiment, doctes auteurs, je crois que des roués,
Pensant venger FOURNEAU vous ont ici joués!...

Assez sur ce sujet, cessons le badinage,
Adoptons pour finir un sérieux langage...
Puissent tous ces savants avoir fait faire un pas
En avant à notre art; surtout ne manquons pas
De les étudier avecque patience,
Et tâchons de tirer profit de leur science.

A propos du dicton : *Un Charpentier sans trait;*
Est, et sera toujours, *ouvrier imparfait;*
On a blâmé ce trait en termes guère honnêtes (10),
Que l'on croit à propos... Mais, plaisants que vous êtes,
Voulez-vous qu'un *Gâcheur* fasse dans son chantier
Un beau dessin graphique en traçant l'arêtier?
Bien peu de vous, Messieurs, goûteraient ce système,
Et le docte Gâcheur serait *sacqué* quand même...

Toutefois, nous pouvons entre nous l'avouer,
Maintes *pièces de trait* ne sont pas à louer. —
Mais ce trait est exact. — D'accord; mais rien n'empêche,
De le tracer correct. C'est cela que je prêche.
L'*école du cordeau,* bonne sur le terrain,

Demande en théorie un principe certain,
Clairement démontré, qui donne l'assurance
D'un résultat logique... Avec persévérance
Étudiez l'*abus* raillé par Rondelet;
Oui, quoiqu'il en ait dit, un dessin n'est complet
Que lorsqu'on y fera de cet *abus* l'étude;
Mais il faut que toujours en pratique on l'élude.

Le but est différent, à l'école, au chantier;
Je le répète encor, Compagnon Charpentier...
Étudie avec soin, courage et patience,
Les principes du Trait qui sont notre science;
Mais rappelle-toi bien pour l'exécution,
De les *escamoter* dans l'opération;
Et ne te trompe pas sur cet *escamotage*
En en faisant abus, mais un prudent usage.
Dessine proprement; marque sur ton papier
Avec un certain *chic* tes bois dans leur entier;
Et fais voir *sur le tas* d'une façon certaine,
Que tu n'est pas *loupeur,* ni chiche de ta peine;
Enfin, je dis à tous : Prenez pour gouvernail,
La sagesse, l'honneur, et l'amour du travail...

Terminons cette étude en prouvant sans réplique,
Qu'au métier de bâtir, la charpente pratique
Se vit dès l'origine admise dans les arts;
Je vois ce fait certain écrit de toutes parts.

SUR L'ANCIENNETÉ DE LA CHARPENTE.

Noé dans l'ancien temps pour se garer de l'onde,
Construisit en charpente un énorme bateau,
Qui lui servit d'asile; et ce moyen nouveau,
Consola nos aïeux dans leur douleur profonde.

Sitôt hors de danger les hommes à la ronde
Bâtirent tout en bois; les villes, le hameau;
Plus tard faisant briller son céleste flambeau,
Un Divin Charpentier régénéra le monde (11).

Les anciens monuments de Memphis et de Tyr,
Ceux que l'ancienne Égypte a si bien su bâtir,
A l'art de la charpente ont pris l'échafaudage.

Cet art est donc plus vieux que ces vieux monuments...
On peut bien l'affirmer; qui le nie est peu sage:
On dut chercher l'utile avant les ornements.

L'ART DE PRATIQUER L'ESCALIER EN CHARPENTE.

L'étude et même le travail manuel de l'Escalier doivent procurer aux Charpentiers qui s'y adonnent, la même satisfaction que la culture des arts d'agrément en procure aux personnes riches.

(Le Père GUÉRIN.)

Le bon père GUÉRIN autrefois nous disait,
D'un ton brusque mais franc, amical et sincère
(La pipe entre les dents, mais cela nous plaisait) :
Croyez-moi, mes amis, je ne suis pas sévère,
Vous le savez, du reste... Écoutez-moi donc bien.
Quand pour un escalier vous ferez une étude,
Avec attention ne négligez en rien
Mes avis bienveillants, car ils ont pour prélude
Ma vieille expérience... Or, je vous dis ceci :
Ce travail attrayant, pour vous devra produire
Même contentement à l'atelier qu'ici
Où vous venez chez moi jaloux de vous instruire...
Il démontrait ensuite et sans rien oublier,
A chacun d'entre nous attentif à l'entendre,
Les principes divers servant à relier
Théorie à pratique, et les faisait comprendre.

L'ÉCHAPPÉE est un point sur lequel tu feras,
Disait-il fort souvent, une étude attentive.

Calcule à chaque marche, et tu combineras
La hauteur en fixant sa place respective,
Pour mesurer toujours *du dessus au dessous*
Sans jamais t'*embrouiller* sur le plan de l'épure,
Afin de *passer franc* sans toucher aux deux bouts.
Avis essentiel... Suis-le, je t'en conjure...

Il nous parlait aussi du DÉBILLARDEMENT,
D'abord en théorie; indiquait sa pratique
En termes d'atelier, concis et simplement;
Et c'est toujours ainsi qu'il faut qu'elle s'explique.

Si l'on coupe un limon de l'escalier rampant,
Par un plan vertical, à l'*Echiffre* d'équerre,
On obtient, disait-il, un rectangle occupant
Son large par aplomb, l'épais en *plan-par-terre.*
Mais cependant parfois il faut *escamoter*
L'ordonnance du TRAIT qui souvent exigeante
Force dans la pratique un peu de s'écarter:
Écoute ma leçon, je crois qu'elle est prudente...

De mes avis surtout tâche de profiter;
Mon conseil est utile et même salutaire,
Dans mainte occasion il sera nécessaire,
De le suivre en tous points et de le méditer.

Pour bien *débillarder* la COURBE à sa *naissance*,
Garde-toi du principe, il engendre un jarret.

Pour y remédier laisse avec assurance
Un peu de *gras* au pied, tu n'en auras regret.
Ne crois pas cependant la règle sans justesse;
L'exception ne peut en détruire la loi,
Il faudra l'observer toujours avec sagesse;
Hormis vers les raccords en elle ajoute foi.

Si tu veux t'expliquer ce procédé pratique:
Développe une courbe, et fais d'autorité
Tous les *collets* égaux. On obtient sans réplique,
Une droite rampante aux *nœuds* en vérité.
Pour le dedans du jour, développe de même;
Une ligne brisée alors se produira.
L'exemple que voici résout tout le problème,
Rectifie au plus tôt ce jarret qui nuira. (12)

Il faut examiner maintenant la méthode
Qu'il convient d'employer pour le GIRONNEMENT.
Celle de RONDELET est logique et commode
En démonstration; mais le *tâtonnement*
Est admis en principe... En suivant ce système,
Routinier je l'admets, on arrive toujours
Au but qu'on se propose, et l'on y parvient même
Beaucoup plus promptement que par certains détours.

Je sais qu'on en a ri; mais les railleurs, je pense,
Malgré bien des essais, des calculs, des efforts,
Tout en nous critiquant, exagérant nos torts,
L'ont aussi pratiqué, toujours de préférence.

Son principe est celui posé par RONDELET,
Mais traduit en pratique... Il faut que chaque marche
Dansante dans le plan, diminue au *collet*
Comme un rayon du jour... Suivez toujours la marche
De cette simple règle... Ayez attention
De diviser l'*Echiffre* avec intelligence.
Étudiez souvent cette opération,
Et pour la pratiquer soyez sans négligence...
Les *collets* sont toujours moindres que les *Girons*,
Excepté quelques cas dont la rencontre est rare;
Ils seront faits égaux dans les escaliers ronds
Ainsi que dans les droits... *mais quand on les sépare.*

Dans le jour *en briquet,* on détruit cet accord;
Les *collets progressifs* seront alors d'usage,
Ou gare au *casse-cou* vers l'endroit du raccord...
Médite cet avis, à cela je t'engage;
Et surtout ne fais pas ce que pendant longtemps
Nos ancêtres ont fait, et qu'un auteur moderne
Veut imiter encor, *gironnant en deux temps...* (13)
C'est vrai pas de clerc... C'est une baliverne.

Pour *balancer* la marche et savoir gironner,
Il faut de ce travail une grande habitude;
A la pratique enfin, l'on peut s'abandonner,
Quand de la théorie on a fait bonne étude.

ÉLOGE DU PÈRE GUÉRIN.

Ainsi parlait GUÉRIN, de nous tous révéré...
L'élève de FOURNEAU doit partager sa gloire;
Premier dans l'art du TRAIT, pacifique victoire,
Il fut de son vivant l'honneur du TRAIT CARRÉ...

Compagnons Charpentiers : Vous avez réparé
Sa perte; et vos travaux inscrits dans votre histoire
Ont rajeuni les siens... Honorez sa mémoire.
VERSAILLES fut son nom, dit le *Clocher doré.*

Des savants de nos jours en parlant de Charpente,
Ont critiqué du TRAIT tout ce qui nous enchante :
JOUSSE, FOURNEAU, GUÉRIN, nos chers éducateurs!

Mieux eut valu pour nous quelques mots sympathiques,
Des principes certains posés par ces auteurs,
Et moins d'aplomb parfois dans de *gros loups* pratiques...

LÉGENDE

SUR L'ORIGINE DE L'ESCALIER ENTONNOIR. (14)

Railleurs qui raillez sur le TRAIT,
Écoutez de Satan ce trait :
Quand il voulut, ce vieil ivrogne
S'immiscer dans notre besogne.

Le diable ayant *chauffé le four*,
Se crut bon Charpentier un jour.
Chez SAINT JOSEPH il se présente,
Pour l'*embrouiller* sur la charpente.
Faites, dit-il, un escalier,
Sans retard dans votre atelier...
Le Saint autour d'une bouteille,
En fit le modèle à merveille;
En fit un autre en entonnoir
Où Satan n'y vit que du noir...
Il avoua son ignorance
Sur l'art du Trait notre science.

Tâche, railleur, d'en faire autant;
Peut-être seras-tu content.

SOUVENIR

des

Premiers Chemins de Fer français

de Paris à Corbeil, Orléans, Lyon.

ÉPITRE A MONSIEUR J...

Les Chemins de Fer ne seront jamais que des joujoux ruineux.

(Un Législateur du 19e siècle)

Savant ingénieur, qui par votre science,
Votre puissant génie et votre patience,
Avez su conquérir dans le corps des savants
Une brillante place, à l'un des plus hauts rangs;
Et qui bien jeune encor fîtes déjà connaître
Que dans l'art de bâtir vous étiez passé maître;
Permettez qu'aujourd'hui mon humble et faible voix,
Ébauche le récit de vos savants exploits;
Et qu'elle cite à tous le noble et bel exemple,
Utile à l'avenir, que le présent contemple...

Le Canal du Guétin vit vos premiers succès,
Fit saluer en vous l'ingénieur français;
Et vous prouvâtes là que parfois la sagesse,
N'est pas toujours le fruit tardif de la vieillesse.
Vous fîtes voir alors à l'homme industrieux,
L'émule de Riquet, actif, laborieux (15);
Franchissant la rivière avec une rivière,
Plaçant route sur route, et le bois et la pierre
Devenir par votre ordre et vos instructions,
Cintres, ponts, radiers, fortes constructions.

Ce travail achevé, toujours infatigable,
Vous rendîtes alors la terre navigable.
De Paris à Corbeil, malgré le sol d'Ablon
Qui veut vous entraver, et malgré le sablon
Vous arrivez au but... La vapeur intrépide,
Engage sur les rails son allure rapide;
Poussant avec vigueur ses chevaux enflammés,
Elle trace dans l'air des sillons enfumés;
Et son sifflet strident rappelle le théâtre
Où tout change d'aspect. Après le roi, le pâtre:
Les chemins raboteux sont partout applanis,
Ceux tortus redressés, les obstacles bannis...

Mais voici Juvisi... Près de sa double gare,
Le chemin se bifurque, à droite il se sépare.
L'*aiguilleur* vigilant, à son poste attentif,
Tient ferme dans sa main le gouvernail captif

Qui sert à diriger ses aiguilles aiguës
Aux points de jonction des routes contiguës.

Nous allons voir bientôt par un nouveau travail,
Courir vers Orléans votre quadruple rail.
Vos hardis Pionniers travailler les carrières,
Vos Charpentiers les bois et vos Maçons les pierres.
Les remblais, les déblais, tous les terrassements,
En courbes seront faits comme en alignements...
Gare!... La mine *joue* : et la pioche et la pelle,
Le pic et le marteau font dans le sol rebelle
Un passage à la *voie.* Ils font voir tour-à-tour,
Les champs de Montlhéri, sa vieille et haute tour;
A droite est Arpajon, puis sur la gauche Étampe,
Avec ses forts remblais, sa longue et raide rampe.
Aux plaines de la Beauce avec contentement,
Chacun peut admirer ses moissons de froment.
Et voir poindre au lointain le clocher d'Angerville,
Jalon monumental au centre de sa ville.
Enfin en dépassant de Cercottes les bois,
On aborde Orléans, les tours de Sainte-Croix.

Le voyageur conduit dans ces lieux pleins de charmes,
Et le berger qui voit aujourd'hui sans alarmes
Ces Vésuves volants, ces puissants remorqueurs,
A la marche rapide et passant en vainqueurs,
Font peu d'attention aux obstacles, aux peines
Qu'il fallut surmonter pour atteindre ces plaines,

Pour trancher la montagne, élever le vallon,
Déterminer la courbe, aligner le jalon.
Mais ceux qui comme nous, on pu vous voir à l'œuvre,
Admirent les beautés de vos nombreux chefs-d'œuvre.

Tel on voit sur les flots un hardi nautonnier,
Affronter la tempête et quitter le dernier
Le vaisseau sur lequel le Drapeau de la France
Fut confié naguère à sa mâle vaillance;
Tel nous avons vu sur un coursier de feu,
Diriger tout vous-même, en vous souciant peu
Des peines, des dangers; et nous montrant l'exemple
De l'abnégation qu'en vous chacun contemple.

De ce hardi trajet je garde souvenir :
Plusieurs en parleront encôr dans l'avenir...
Le laboureur courbé sur le sol qu'il sillonne,
Se demande le nom du cheval qui bouillonne;
Le pâtre le regarde avec naïveté,
Et le bœuf Beauceron s'enfuit épouvanté.
Pour vous, les dépassant, vous entrez sans obstacles
Dans le faubourg Bannier où l'on crie : Aux miracles!...

Cité de Jeanne d'Arc!... En haut de tes remparts
Arbore le drapeau triomphant des beaux arts!
Toi si fière à bon droit d'Albion fugitive,
Acclame le progrès par la Locomotive!...

Après avoir fini cet important travail,
Vous prîtes du chemin d'abord le gouvernail;
Votre direction fut ferme autant que juste...
L'impartialité qui rarement s'ajuste
A la toute puissance, eut cependant en vous
Un partisan loyal; et regretté de tous
Quand pour un autre but vous quittâtes la ligne,
Et le poste éminent dont vous étiez si digne...

Ici vont commencer de bien plus grands travaux,
Où vous vaincrez encor des obstacles nouveaux;
Vous allez relier deux importantes villes,
C'est Paris, c'est Lyon que vos projets habiles
Vont bientôt rendre sœurs... A l'œuvre, Compagnons!...
Aiguisons nos outils; et sans retard joignons
Nos efforts à son art; nos bras à la science,
Faisons preuve d'ardeur, d'élan, de patience.
La tâche sera rude!... Il faut à Charenton,
Sur la Seine et la Marne, *équiper le mouton*,
Battre des pilotis, faire un échafaudage,
Un pont pour le service, établir un barrage;
Puis traverser l'Yerre. Et voici qu'à Brunoy
S'érige un viaduc solide, dont l'emploi
A pour but de franchir sa profonde vallée.
Il faut encore des pieux, et plus d'une *pallée*,
De cintres, de couchis faire provision,
De pierres et de bois avec profusion...

A Melun se construit un autre échafaudage,
Pour un pont tout en fer, monumental ouvrage.
A La Rochette on va percer un souterrain,
Faire remblais, déblais, dans un mauvais terrain.
Viennent Changis, Moret : solide architecture,
Où la science et l'art ont vaincu la nature...
Ces deux beaux viaducs égalant des Romains
Les plus grands monuments, sont œuvres de vos mains;
Car souvent vous avez *mis la main à la pâte,*
Par vos ordres directs que chacun à la hâte,
S'empressait d'accomplir de faire exécuter,
Sans souci des périls qu'il faudrait affronter...

De déblais en remblais, j'arrive à Pont-sur-Yonne.
J'ai vu ce beau travail qu'aujourd'hui je crayonne;
J'ai vu cette tranchée en courbe séparant
Une haute montagne, où le soin le plus grand
Fut mis pour achever cette rude besogne,
Première exécutée au pays de Bourgogne...

De Sens et de Joigny, voici les deux cités,
D'autres pays encor dans l'histoire cités.
C'est Saint-Julien-du-Sault, Étigny; puis s'approche
Le pont que l'on construit sur l'Yonne près Laroche.
Puis à Saint-Florentin on franchit l'Armançon
(La petite rivière au succulent poisson),
Que l'on a détournée en deçà de Tonnerre
Pays des plus charmants en vignobles prospère,

La gare en coupé le célèbre *Pâtis*
Dont on regrette encor le cruel abattis...

A Lézinnes est fouillé dans une terre aride,
Sur un plan circulaire un souterrain solide :
Une longue tranchée à sa voûte conduit,
Et semblable tranchée en droiture la suit.
On remarque en passant ses murs en mosaïque,
Pittoresque appareil coquettement rustique.
Le pont édifié devant ce souterrain
Est un beau spécimen de l'art contemporain.

Voici la Côte-d'Or... Poursuivant votre ouvrage,
Chacun à votre voix redouble de courage.
Le canal de Bourgogne est franchi près Montbard
Par un pont métallique, un solide objet d'art...
Il en est un surtout méritant qu'on le cite,
Situé sous un mont, dans un champêtre site.
Mon esprit quand j'y pense, est effrayé quasi,
De ce long souterrain qu'on perçait à Blaisy...
Quand je vis ce travail : ces pierres et ces briques,
Ces cintres, ces étais, ces manœuvres pratiques,
Dans cette cave immense... Une lieue en longueur
En marque la mesure. Et plus à la rigueur...
La vapeur aujourd'hui la franchit sans obstacle;
Mais pour la terminer vous fîtes des miracles!...

Passé ce souterrain près voisin des Enfers,

Voyez ce viaduc élancé dans les airs :
Puis cet autre plus haut, plus grandiose encore,
Sur *Combe-de-Fins*, et d'autres que j'ignore!...
Car d'un si grand travail on ne peut tout savoir,
A moins de, comme vous, tout régler, tout prévoir...

Lors du premier trajet : Dans la basse Bourgogne,
Le laboureur fit trêve à sa dure besogne;
L'artisan, le bourgeois, fut aussi curieux,
Filles, femmes enfin, s'écarquillaient les yeux.
L'un pérore beaucoup pour montrer sa science,
Un autre ne dit rien, mais pas moins il n'en pense;
Et le sorcier du cru flairant certain danger,
Assure que Satan n'y peut être étranger.
Semblable invention, nous dit-il, est magique,
Et pourrait bien encore être diabolique...
Il s'escrime avec force du geste et de la voix,
Faisant pour s'enhardir force signes de croix;
Des *Retro Satanas*, toute la kyrielle
Que prescrit le grimoire à ceux qu'il ensorcelle;
Et d'aucuns pour chasser tous ces hôtes nouveaux,
Veulent par leurs clameurs effrayer les chevaux,
Ou jeter en chemin des bâtons dans les roues
De ces monstres fumants aux menaçantes proues..

Vous passez devant eux avec rapidité
Sans faire attention à leur hostilité;
Vous franchissez les bois, les ravins, les campagnes,

Les plus profonds vallons, les plus hautes montagnes;
Et vous voyez enfin dans leurs flancs entr'ouverts,
La flèche de Dijon se tordre dans les airs... (16).

Mais je m'arrête ici. Pour ce pays vignoble,
Il faut un meilleur chantre à la voix juste et noble,
Et je craindrais aussi qu'auprès de Chambertin,
L'air vif du Clos-Vougeot!, Nuits, Beaune et le bon vin...
Assez sur ce sujet... J'en aurais trop á dire,
Et l'on m'accuserait, quoiqu'à tort, de médire.
Suivons plutôt la Saône et visitons Mâcon,
Cité de Lamartine et fière de son nom,
Pour aborder enfin la ville Lyonnaise,
Où vous joignez Paris à la gare de Vaise...

Cette tâche est finie, et votre activité
Qui fait mauvais ménage avec l'oisiveté,
Va traverser les mers, explorer la Russie
Pour combiner des plans sur la neige durcie...
Enfin vous revoyez la France et son beau ciel;
Chacun salue en vous un homme essentiel,
L'homme savant capable entre les plus capables,
Dont les ouvrages sont des chefs-d'œuvre admirables!

Vous avez le premier fait la construction
D'un long chemin de fer avec conviction;
Et vous avec vaincu, confiant, impassible,
Bien des dégoûts amers avec un front paisible.

Jouissez aujourd'hui pour fruit de vos travaux,
De l'estime de tous, des anciens, des nouveaux!...

Que dirais-je de plus?... Pour chanter un Vitruve
Il faudrait un Virgile et le feu du Vésuve!...
Infime auxiliaire, ignorant tisserand,
D'un travail si beau, d'un canevas si grand (17),
Comme ce tâcheron que le gain seul enflamme,
Et qui ne prise rien que la chaîne ou la trame,
Je ne voyais souvent vos projets qu'à l'envers;
Souvent le droit chemin me semblait de travers...

Car moi, pour calculer une courbe, une pente,
Autant vaut voir Emy *piquer* de la Charpente,
Ou voir malgré Pégase un rimeur obstiné,
Quoique plein de respect pour vous.

EYERRE aîné.

LA LÉGENDE DU PÈRE SOUBISE (19).

Jhesu.. Maria.·. Joseph.·. Anna.·. (19)
U.·. V.·. G.·. T.·.

Dans les temps reculés, longtemps avant Hiram,
Aux rivages du Nil un enfant d'Abraham,
Des mystères d'Isis, déchiffrant le langage;
Fonda des Charpentiers l'ancien compagnonage;
Son génie était grand : SOUBISE fut son nom;
Il fut contemporain de plus d'un Pharaon.

Quand on édifia les hautes Pyramides,
Il en fit l'échafaud... Ils étaient intrépides
Ces Charpentiers d'alors qui, sous un ciel de feu,
Affrontant des dangers dont ils faisaient un jeu,
Poursuivaient tous leur tâche avec calme et courage,
N'ayant d'autre souci, que de voir leur ouvrage
Fini totalement, offrir sécurité
Aux autres travailleurs, à leur habileté.

Le jour où l'on frappa la première cheville
De ce hardi travail, le titre de BONDRILLE
Fut pris par nos aînés, puis ensuite transmis
D'âge en âge sans tache, à nous, à nos amis....

La dépose n'en fut, je crois, moins dangereuse;
Et l'on peut, sans nommer la légende menteuse,
Dire : Soubise alors et tous ses partisans,
Étaient de bons lurons, tout comme aux jours présents.

Soubise *vit toujours...* Il habite la France,
Auprès de Rochefort il fait sa résidence.
Il la quitte parfois, alors que le soleil
Au jour de Saint-Joseph, par son aspect vermeil
Annonce le printemps, réjouit la nature,
Et nous marque la fin du temps de la froidure...
Dans ce beau jour de fête où nous accompagnons
A l'église marchant devant les Compagnons,
Notre Mère honorée : elle devient *Doyenne*,
De tous ses grands enfants, de toute la *Cayenne*...
Soubise envoie après *son neveu, ses cousins*;
Au jour de la Saint-Pierre, à la fête des Saints,
Afin de nous montrer sa joyeuse famille,
Et la faire connaître à tout nouveau Bondrille.

Au sortir de l'Égypte, à pieds secs il passa
Sans bateau la Mer Rouge; ensuite il s'avança
Dans un désert aride, où souvent son courage
Fut mis fort à l'épreuve... Il devint prudent, sage;
Et s'occupant sans cesse à fonder le Devoir,
Il fit des Compagnons des hommes de savoir,
Qui de Jérusalem en construisant le temple
De l'amour du travail nous ont montré l'exemple.

Le titre fort ancien : Les Compagnons passants,
Que nous prîmes plus tard, nous a connu puissants;
Dans ces temps éloignés, nous savons que Soubise
Se soumettant au Christ, nous donna pour devise :
Jhesus et Maria, Joseph avec Anna.
Dix-huit siècles entiers de force elle donna
A nos prédécesseurs qui parcourant le monde,
Bâtirent le palais, la chaumière à la ronde;
Et l'on voit de nos jours plus d'un beau monument
Attester leur savoir, courage et dévoûment...

Plus tard, se décidant à compléter son œuvre,
Quand ils eurent produit chacun de beaux chefs-d'œuvre,
Soubise s'adjoignit parmi les ouvriers
Deux autres corps d'état... Couvreurs et Platriers (20),
Dociles à sa voix, vinrent dans sa famille,
Donner un nouveau lustre au titre de Bondrille,
Se montrer les soutiens du bon droit, du Devoir,
S'adonner au travail, rechercher le savoir.

Lorsqu'au siècle dernier notre Compagnonage,
Avec la France entière allait faire naufrage,
De Soubise la voix nous cria sans détours :
Enfants, soyez *Unis, Vous Grandirez Toujours!...*
A son commandement, avec calme et franchise,
On ajouta ces mots à la vieille devise
Des anciens Compagnons, et l'on dit aux nouveaux :
Amis... *Utilisez Vos Glorieux Travaux,*

Soutenez noblement votre Compagnonage,
Gardez pour l'âge mûr les tracas du ménage;
Ainsi que vos aînés, léguez à l'avenir
Des chefs-d'œuvre nouveaux... C'est un bon souvenir;
C'est la *Caisse d'épargne* où vous pourrez sans cesse
Puiser avec orgueil pour montrer votre adresse.
Courage!... Travaillez!... Acquérez du renom!...
Les BONDRILLES futurs béniront votre nom!...

Soyez loyaux et francs... Honorez votre MÈRE,
Chez elle maintenez l'ordre le plus sévère;
Et que chacun de vous tout le temps de ses jours
Soit fidèle au DEVOIR, le respecte toujours...
Et quant aux *Aspirants*, SOUBISE les adjure
De se soumettre à lui, sans crainte ni murmure.
Il leur dit franchement : Puisque j'ai le pouvoir
De vous initier aux secrets du DEVOIR :

Enfants, venez à moi, car je suis la SAGESSE...
Je suis l'OBÉISSANCE éprouvant la jeunesse,
Je suis de l'UNION, la source et la vigueur;
BIENFAISANCE je suis, l'élan d'un noble cœur.
De nos hardis travaux je suis l'INTELLIGENCE,
La SCIENCE est mon but... Vivez dans l'ESPÉRANCE...

ODE SUR LE COMPAGNONAGE DES CHARPENTIERS

A MON AMI ET ANCIEN ÉLÈVE

LÉON BERGER

Dit Gatinais le Divertissant,

Maitre charpentier, à Châtillon-sur-l'Oing (Loiret).

Ami : Ton vieux maître d'école,
Qui jadis eut le nez au vent;
Quand il *conduisait la bricole*,
Et qu'il passait pour bon vivant,
A votre brillante jeunesse,
Il recommandait la sagesse,
Qu'il ne pratiquait pas parfois...
Et lorsque du Compagnonage,
Tu fis le rude apprentissage,
Il te dit, au départ pour Blois :

Où que tu sois, où qu'on te mène,
Prends la vertu pour te guider;
Dans le plaisir et dans la peine,
Devant elle fait tout céder.
Prenez-la pour devise,
Nous dit le vieux père Soubise...

Sans elle il n'est point d'heureux jours!
Aimez votre Compagnonage;
Je vous dis, pour votre avantage :
Unis, Vous Grandirez Toujours!...

Devoir comme noblesse oblige!
Un Compagnon doit donc savoir
Sacrifier tout au prestige,
De son honneur, de son Devoir...
Il doit son aide à la jeunesse,
Et le respect à la vieillesse;
En tout temps qu'il soit studieux.
A ses amis qu'il soit affable,
A l'infortune charitable,
Pour être bien vu par tous lieux!...

Quel est donc ce Compagnonage
Se proclamant : de Liberté?
C'est vraiment un enfantillage;
C'est une puérilité...
La prétention d'être libre,
Qui dans le cœur de chacun vibre,
Cadre mal avec le Devoir...
Il a fait de nous ses esclaves :
Ceux qui le disent sans entraves
Pourraient fort bien n'en rien savoir...

Un vieux *loup* fit cette brioche;
Il avait pour nom Leperrin;

Avec un *renard* en bamboche,
Qu'on appelait monsieur DIEN.
En mil sept cent quatre-vingt-treize,
La France n'étant guère à l'aise,
Ils mirent leurs noms à profit :
En les amalgamant ensemble,
Fort adroitement il me semble,
LE PÈRE INDIEN l'on en fit (21).

Dans la loi du Compagnonage,
Ne parlez pas de liberté,
Chacun de nous avec courage
Reconnaît une autorité...
C'est la loi que dicte SOUBISE,
Nous la suivons avec franchise
Sans jamais nous en écarter.
Cette loi nous la trouvons douce,
Vers le progrès elle nous pousse,
Les écueils nous fait éviter.

Sommes-nous sans patriotisme?
Repoussons-nous la liberté?
Pour cela non!... Son héroïsme
Enflamme nos cœurs de fierté.
Nous chérissons l'indépendance,
Toutes les gloires de la France;
Et depuis le Nord jusqu'au Var,
Notre DEVOIR nous dit de rendre

A Dieu l'hommage le plus tendre,
Et ce que l'on doit à César...

Le travail a pour nous des charmes,
Nous y livrant avec ardeur,
Nous savons y prendre les armes
Qui font du DEVOIR la splendeur!
Armes d'un combat pacifique,
Qui surent prouver sans réplique,
De par le *cordeau,* le compas :
Bien souvent à nos adversaires
Malgré leurs défis peu sincères,
Que nous ne les redoutons pas!...

Pour rechercher notre origine,
Remontez dans la nuit des temps :
Cherchez encor... Je m'imagine
Que vous pourrez chercher longtemps...
En Égypte déjà SOUBISE
Inscrivait sa belle devise
Auprès des sphinx des Pharaons. (24)
En ce temps-là, ce vieux BONDRILLE
Frappait la première cheville
Du travail de ses Compagnons...

A l'échafaud des Pyramides,
On a vu sous un ciel de feu,
Tous nos BONDRILLES intrépides
De grands dangers se faire un jeu...

Plus tard ils ont bâti le Temple
De Jérusalem, pour l'exemple
De tous les Compagnons futurs;
Ils ont fait de bien beaux ouvrages
Dans tous les temps, dans tous les âges;
Les plus dangereux, les plus durs...

Saint Joseph devînt notre maître,
Et nous donna l'Enfant Jésus,
Qui de notre état fit connaître
Maintes coutumes et les us...
Le régénérateur du monde,
Maître de la terre et de l'onde,
Se fit Compagnon charpentier...
Celui qui commande à la foudre,
Qui pourrait tout réduire en poudre,
Fut expert dans notre métier.

De ce jour la Sainte famille,
De Soubise reçut les vœux :
De ce jour le nom de Bondrille
Fut lié par de nouveaux nœuds.
Jésus, Joseph, Anne et Marie,
Fut notre devise chérie,
La source de notre vigueur;
Et, dans des temps fort difficiles,
Pendant nos discordes civiles,
Chacun la garda dans son cœur.

Dans des temps d'heureuse mémoire,
Malgré des efforts impuissants,
Nos aînés prirent avec gloire
Le nom de COMPAGNONS PASSANTS.
L'âmour des arts qui nous enflamme,
Les brûlait de la même flamme;
Ils furent tous laborieux...
Dédaignons toutes les manœuvres,
Faites pour ravaler les œuvres,
Dont nous sommes si glorieux...

SOUBISE a reconnu BONDRILLES
Les COUVREURS et les PLATRIERS,
Et l'on donne à ces trois familles
Le nom de vaillants ouvriers.
Ils ont la force et le courage,
Avec la franchise en partage
Et ne craignent pas les railleurs...
Aux Charpentiers vieux dans l'histoire,
Pour chanter l'amour de la gloire,
Unissez-Vous, Gais Travailleurs!...

Le BONDRILLE dans sa *Cayenne,*
Jouit de la félicité;
Notre MÈRE en est la Doyenne,
C'est notre orgueil en vérité...
Respectueux pour sa personne,
Chacun lui tresse une couronne,

Et fait des vœux pour son bonheur.
Amour filial et sincère,
Nous le devons à notre Mère :
Et son honneur est notre honneur!...

Quand il admis ces dignes femmes
A participer au Devoir,
Soubise a retrempé leurs âmes,
Dans sa force et dans son savoir.
Il leur a dit : Soyez mes filles,
Et les Mères de mes Bondrilles,
Et Dieu saura vous enrichir,
De ses dons avec abondance,
Il vous fera, par sa puissance;
Persévérantes Sans Fléchir...

Jeunes dans le Compagnonage,
A ses lois demeurant soumis,
Vous serez sobres de langage,
Ainsi que vous l'avez promis...
Que ni de la voix ni du geste,
Aucun de vous ne manifeste
Jamais sa pensée au dehors.
A son Devoir qu'il ne déroge,
S'il veut qu'on fasse son éloge,
Et qu'on le cite entre les forts.

A l'école écoutez le Maître
Et profitez de ses leçons :

Pour l'art du Trait faites paraître
L'estime que nous professons.
Consultez FOURNEAU, même JOUSSE :
Leur étude souvent nous pousse
A la solide instruction.
Allez à l'école pratique,
C'est la meilleure sans réplique
De toute la profession...

Si vous consultez la science
Dans l'ouvrage de RONDELET
Ne croyez pas en conscience
Aux *abus* qu'il prête au Noulet.
ÉMY veut nous parler pratique;
Mais à la piqûre il se pique,
Un autre gironne en deux temps...
Moi je vous dis sans hyperbole :
Ne les croyez pas sur parole,
Car ils ne sont pas compétents.

Laissons faire le bavardage
De ses prophètes de malheurs,
Qui parlent de Compagnonage
Comme un aveugle de couleurs...
Vivons amis dans l'espérance,
Car la divine providence,
Au DEVOIR promit de longs jours.
Rallions-nous au vieux SOUBISE,

Et disons avec sa devise :
Unis, Vous Grandirez Toujours...

Ami, ton vieux Maître d'école,
N'a plus du tout le nez aù vent!...
Il a *relâché la bricole,*
Et c'est un bien pauvre vivant!
Bien plus qu'au temps de sa jeunesse,
Il est ferré sur la sagesse
Qu'il a prise pour Médecin...
Mais comme dit un vieil adage :
Quand il se vit caduc et d'âge,
Le Diable se fit Capucin.

La Légende du Cordeau de SAINT-JOSEPH [22].

Pendant un dur hiver, Saint-Joseph sans ouvrage,
Prit des Scieurs de long, pour vivre le métier;
Avec l'Enfant Jésus, de chantier en chantier,
Il fit péniblement ce rude apprentissage.

Un jour de force à bout, mais non pas de courage,
Pour charger des gros bois, et leur *donner quartier,*
Saint Joseph impuissant quoique bon Charpentier,
Du Divin apprenti réclamait le suffrage...

Père, lui dit l'Enfant : Ne chargeons pas ces bois;
Graissez votre Cordeau, je le *battrai* deux fois,
Ils seront refendus sans nous donner de peine.

Saint Joseph obéit et le miracle eut lieu.
Depuis ce temps deux coups (la chose est fort certaine)
Sont *battus* pour *ligner* comme fit le Bon Dieu.

LA CHANSONNETTE DES BONDRILLES.

AIR *du Sabotier.*

Je suis Compagnon Charpentier,
Faisant mon tour de France,
J'exerçai ce hardi métier
Dès mon adolescence...
Oui, mes amis,
Toujours soumis
Aux lois du vieux Soubise.
Avec vigueur,
Et de grand cœur
Je suivrai sa devise...

Frappe... frappe, Charpentier,
En BONDRILLE —
— Ta cheville...
Mets tous tes bois en chantier;
Allons... Quartier!...
} *Bis.*

Chantons de nos jeunes amours
La joie et le bel âge!...

Soutenons partout et toujours
    Notre Compagnonage...
        Soyons amants
        Tendres, aimants,
    Dévoués à nos belles.
        Soyons joyeux,
        Laborieux,
    Et Bondrilles fidèles...

Frappe... Frappe, etc.

Chantons la grâce et la bonté
    De notre bonne Mère;
Pour elle la félicité,
    Le sort le plus prospère!...
        A son aspect,
        Qu'avec respect,
    Chacun de nous l'acclame!
        Soyons jaloux
        De l'aimer tous
    Du plus profond de l'âme!...

Frappe... Frappe, etc.

Trinquons en joyeux ouvriers,
    Mes frères les Bondrilles!...
Charpentiers, Couvreurs, Plâtriers,
    Fêtons nos trois familles...

Aimons-nous bien,
Faisons du bien
A nos vieux camarades;
Ayons souvent
Le nez au vent,
Sans craintes ni bravades!...

Frappe... Frappe, Charpentier,
En Bondrille —
— Ta cheville...
Mets tous tes bois en chantier;
Allons... Quartier!... } *Bis.*

LA LÉGENDE DU LOUP RÉPARÉ.

Lorsque les temps prescrits par les décrets divins
Furent venus, le CHRIST parut chez les humains.
Avant de leur prêcher ses lois et sa morale,
Avant de se livrer à leur fureur brutale,
Au temps de sa jeunesse, au su du monde entier,
Il voulut un état et se fit Charpentier...
Jusqu'à près de trente ans on vit ses mains divines,
Astreintes au travail, à des rigueurs chagrines;
Employer le compas, le plomb et les niveaux,
Pour enrichir notre art de principes nouveaux.
SAINT JOSEPH dans la joie en le regardant faire,
Disait : Je suis content : *Il connait son affaire.*
Enfin LE FILS DE L'HOMME était doux et soumis,
Affable aux Compagnons, les traitant en amis.

Il faut qu'à ce sujet je raconte une histoire,
Qui me vient à propos ici dans la mémoire.

En ce temps-là JOSEPH, par Hérode employé
A lui construire un trône était fort effrayé
D'un *Loup* qu'il avait fait en prenant ses mesures;
Son trône était trop grand, trop courtes ses épures;
Ses escaliers étaient *gironnés en deux temps,*
Et tous ses bois *piqués* par les Emys du temps...

Tout ça n'était pas beau... Quand on fut au levage
SAINT JOSEPH désolé perdait quasi courage;
Mais ce trône est trop court (disait l'un) par le bas,
Et trop long par en haut... Ne le voyez-vous pas?...

Survint l'ENFANT JÉSUS qui portait les chevilles,
Comme étant l'apprenti de tous ces vieux Bondrilles...
Tirez le bas, dit-il, afin de l'allonger,
Et *rippez-le* du haut sans crainte du danger...
Il fut bien obéi; cette lourde *brioche*,
Fut cachée au plus vite, évita le reproche.
Le *Singe* fut content. On oublia le *Loup;*
On posa le bouquet, et l'on but un bon coup!...

Si le CHRIST a voulu signaler sa puissance,
Par ce miracle fait au temps de son enfance,
Il ne faut pas pour ça qu'un maître Charpentier,
Donne sa confiance au *Lapin* du chantier;
Mais il faut au contraire, en battant ses épures,
Qu'il opère toujours, par compas, par mesures.
Les *Loups* de notre temps sont chers à réparer,
Il ne suffirait plus pour cela de tirer...

LA LÉGENDE

DU TRAIT CARRÉ IMPOSSIBLE.

S'étant crus Charpentiers, on dit que Lucifer
Avec Béelzébut voulant battre une épure,
Un beau jour après boire au sortir de l'Enfer,
Furent chez SAINT JOSEPH, se croyant en mesure
De l'*embrouiller* on nous l'assure...

Ils voulaient le happer, en faire un bon morceau.
Mais le Saint qui devine à leur sot verbiage
Quels sont ces compagnons, leur montre son cordeau,
Et tient à ces maudits à peu près ce langage,
Fort poliment et sans tapage...

Faites sous mon hangar, dit-il, UN TRAIT CARRÉ...
Voyons, dépêchez-vous! Montrez de l'assurance,
Quad je vais revenir que tout soit préparé.
Qu'il soit juste surtout et de belle apparence...
Vous le savez faire, je pense?...

Un peu, notre patron, répondent carrément
Nos deux affreux vauriens, *battant* avec audace
Une première ligne assez correctement...
Ils se croyaient déjà les maîtres de la place,
Préparant sans bruit leur besace...

Il n'en fut pas ainsi... Pour finir le travail
Qui formait une croix, leurs pattes infernales
Ne purent se tirer de cet épouvantail.
Ce cordeau flamboyait, et ces lignes fatales
Augmentaient leurs fureurs brutales...

Tout leur paraissait feu... Je les vois lestement,
Les jambes à leurs cous, s'enfuir à perdre haleine,
Laissant là leurs outils sans vergogne autrement
Quand chacun à grands cris les poursuit dans la plaine
En leur faisant misère et peine...

Mais déjà ces mauvais, au bout de l'univers,
Partout voyant des croix; confus, pleins de tristesse,
Subissaient en grognant les tourments des enfers!...
Qui va les consoler, hélas! dans leur détresse?...
Madame Satan la Diablesse...

A MES PETITS ENFANTS

ET A TOUS CEUX DES AUTRES.

Adorez un seul Dieu... Le ciel est sa couronne!
Il en est Créateur; il est le Roi des Rois:
L'univers est son trône, obéit à ses lois,
Il est plus élevé que la foudre qui tonne!...

Honorez père et mère; aimez-les, Dieu l'ordonne;
Il a promis sa grâce ici bas maintes fois
Aux fils respectueux... Vous l'êtes, je le crois:
Il faut l'être toujours... La récompense est bonne!...

Vénérez la vertu, chérissez le travail;
L'homme doit s'y livrer. Prenez pour gouvernail,
L'étude avec ardeur dès votre plus jeune âge...

Aimez votre patrie... En tout temps, en tout lieu,
Fuyez l'impiété, le vice avec courage;
Soyez amis constants... mais surtout craignez Dieu!...

MES ADIEUX.

Je vais bientôt mourir... Et je ne verrai pas
De mes petits enfants tous les joyeux ébats!...
Je ne les verrai point sous les yeux de leur père,
Apprentis de la vie, y prendre leur essor;
S'adonner au travail qui seul vaut un trésor,
Ni faire l'orgueil de leur mère...

Et toi, ma chère femme, et toi les verras-tu?...
Toi, dont Dieu sur la terre éprouve la vertu;
O toi si devouée au vieillard qui succombe!...
Si tu les vois, dis-leur au nom de nos aïeux,
Que nous les bénirons s'ils sont laborieux.
Ah! c'est là l'espoir de ma tombe!...

Les auteurs de leurs jours... Comme ils nous ont aimés,
Qu'ils les aiment aussi. Que sans cesse animés
D'amour et de respect, de tendre déférence,
Ils contemplent en eux de la Divinité,
Le reflet ici bas, la sainte autorité;
Ah! c'est aussi mon espérance!...

MORALITÉ FINALE ET LÉGENDAIRE.

D'aucuns en me lisant pourront penser sans doute,
Que mes vers sont mauvais, que je n'y connais goutte;
Et qu'il n'est pas prudent de prendre ses ébats,
En touchant aux outils que l'on ne connait pas.
Comme ce Colonel, qui parlant de *Piqûre*,
Touche mal à propos sans rime ni mesure,
Et qui le plomb en main sans aller jusqu'au bout,
Nous *pique* le joint biais, sans *observer l'about*,
Ou comme ce Démon de comique mémoire,
Dont je vais pour finir vous raconter l'histoire.

Satan lassé, dit-on, du séjour des Enfers,
Déserta ce manoir, et traversant les airs,
Arriva tout brandi dans notre belle France,
Espérant y trouver pâture en abondance.
Il s'introduit d'abord chez un vieux Charpentier,
Afin, lui disait-il, d'exercer le métier,
S'imaginant pouvoir happer sans jamais rendre
Tous ceux que par surprise il parviendrait à prendre.
Croyant donc que sans peine il pourrait réussir,
Par sa belle parole il tâcha d'endormir
Le vieux *Singe* malin qui, voyant à son type
Quel Compagnon c'est, dit : Il faut que je te *rippe*

Dehors de mon chantier... Et pour te faire voir
Que tu n'es qu'un nigaud malgré tout ton savoir.
Approche ici mon gars, et prends cette *herminette*,
Bûche suivant ces traits faits avec la *rainette*...
Du *hacherot*, mon cher, il faut te méfier ;
Voyons, fais vite et bien, mais sans t'estropier...
Le malin guère habile, avec sa patte impure,
Se fit au haut du front une longue coupure...
« De rage et de douleur le Diable bondissant »
Retourne l'herminette, et tout en frémissant,
Il se recoupe encor. Cette fois à l'inverse;
Cela fit une croix. La frayeur le renverse;
Il veut cacher son front en y portant la main,
Mais il la brûle au vif. C'est un fait bien certain.

Il se sauvait confus... Le *Lapin* fort espiègle,
Grignotant à l'écart un petit pain de seigle,
(Provenant du trafic qu'il faisait des copeaux,
Dont il escamotait quelques menus morceaux
Aussitôt transformés en maintes friandises;
Mais cet abus, dit-on, rentre dans ses franchises),
Lui dit d'un ton moqueur : Gros et sot animal!
Tu t'es coupé: gageons... Mais tu t'y prends si mal!...
Élève ton outil au-dessus de ta tête,
Tu gareras ton front, vilaine et sale bête!

Satan crut au conseil, mais comme les badauds,
Il exagéra trop, et se coupa le dos...

Horizontalement, dont tout bas il enrage,
Sans pourtant pour cela perdre en rien le courage.
Dans les griffes pas moins de ce butor cornu,
Le manche de l'outil dont il n'est pas connu,
Tourne totalement. De rechef il se coupe,
Dans le sens vertical. Cela remplit la coupe
De son malheureux sort. De chagrin dévoré,
Il quitta le pays, de deux Croix décoré!...

Mais tout n'est pas fini... Quand dans son domicile
Il voulut pénétrer, ça ne fut pas facile.
Fallait voir en fureur femme Béelzébut,
De ce que ce vieux Diable avait manqué le but.
Elle était si vexée; en colère... de sorte
Qu'à son nez brusquement elle ferma la porte.
Satan en vain l'appelle avec autorité,
Elle ne répond pas... Il l'avait mérité!
Alors blessé deux fois, par devant, par derrière,
Par sa dame honni de la belle manière,
Emporté par la rage, il recule trois pas,
Veut démolir la porte et se casse les bras...

Foin! dit-il en grognant, de la sotte pécore!
Ensuite le maudit s'enfuit et court encore.
Il s'en fut se blottir au fin fond de l'Enfer,
Rejoignant son ami le prince Lucifer.
Il courut avec lui tout droit à la cantine,
Afin de dissiper son humeur trop chagrine.

S'abreuva de vin bleu; mais laissant sa raison
Dans le fond de son verre, on le mit en prison.
Il y languit encor, plus mauvais que la peste;
L'en tire qui voudra... S'il est bien, qu'il y reste!

HOMMAGE

A LA MÉMOIRE DE MON PÈRE

Né à Paris le VI de mars MDCCLIX

BONDRILLE de Paris, sous le nom de

Parisien le Bien-Aimé

le XIX de mars MDCCLXXVII

Lieutenant au Bataillon de Paris dans la Vendée, en l'an II de la première

RÉPUBLIQUE FRANÇAISE,

Prisonnier amnistié de BONCHAMP

A la Bataille de Cholet, le 17 du mois d'octobre 1793,

Chef d'atelier de Charpente à Paris

De 1797 à 1825.

Mort

A Paris, le 29 Octobre 1825.

Tel fut jadis *Pierre* EYERRE...
Maintenant il est en terre;
Un Vieux Gâcheur Trépassé.
REQUIESCAT IN PACE!...

HOMMAGE

A LA MÉMOIRE DE L'AMI DE MON PÈRE.

Au petit-fils
De l'habile Maître Charpentier
Guillaume GUÉRIN,
Qui, en 1727,
Rippa tout brandi **le clocher de l'église St-Leu de la ville de Paris**
à 24 pieds de distance...

A
LOUIS GUÉRIN
dit
Versailles le Clocher doré,
Né à Versailles
en 1750,
Élève de FOURNEAU,
et son continuateur dans la démonstration du Trait de Charpente, à Paris,
où il mourut en 1823,
Pensionné par la Société des Compagnons passants,
CHARPENTIERS BONDRILLES.

Jhesu.. Maria.·. Joseph.·. Anna.·.
U.·. V.·. G.·. T.·.

Tel fut GUÉRIN, dit *le Clocher doré*
De son vivant l'honneur du *Trait carré.*

ACTE DE REMERCIMENT

A

MONSIEUR J.-B. LANCE (23).

Grâces à vous, ô mon bon Monsieur LANCE!...
Grâces à vous, *Normand l'ami du Trait!*
J'ai pu chanter SOUBISE au Tour de France,
Et dans *mes vers* crayonner son portrait...
Si la louange est ici superflue ;
Qu'un vieux BONDRILLE, un Compagnon passant,
Pour terminer, mon maître, vous salue,
Parisien, dit *le Divertissant*...

FIN.

NOTES EXPLICATIVES.

N° 1.

Les auteurs les plus connus qui ont écrit sur l'art de la Charpente sont : Philibert DE L'ORME, Mathurin JOUSSE, Nicolas FOURNEAU, Jean-Baptiste RONDELET et le colonel EMY.

Philibert de l'Orme, architecte célèbre du seizième siècle, fit imprimer dans ce temps un ouvrage ayant pour titre : *Nouvelles inventions pour bien bâtir et à petits frais,* et dans lequel il explique la construction du léger système de Charpente qui porte encore aujourd'hui son nom. Son style pittoresque et familier est instructif et attachant; il a une certaine brusquerie aimable qui lui fait dire : *Qui mieux sçaura fasse, je n'en serrai marry.*

Mathurin Jousse, ingénieur à Laflèche, publia dans cette ville, en 1627, *Le théâtre de l'Art du Charpentier*, dans lequel il décrit en style du temps, la pratique et le Trait de cet art. Ce style, qui nous paraîtrait aujourd'hui bizarre et prétentieux, ne serait certainement pas facilement compris du plus grand nombre d'entre nous; mais on voit cependant que l'auteur possède entièrement la connaissance de l'art qu'il décrit.

Nicolas Fourneau, maître Charpentier à Rouen, y composa, en 1768, son livre ayant pour titre : L'*Art du Trait de Charpenterie.* Cet ouvrage, auquel était joint un Traité de Géométrie pratique, fut reçu avec joie et reconnaissance tant par les maîtres que par les ouvriers Charpentiers d'alors, et quoiqu'en aient dit des critiques modernes, son livre a été plus profitable à ceux pour lequel il a été fait que ne le seront jamais les leurs.

Jean-Baptiste Rondelet, Membre de l'Institut de France, et professeur de construction à l'École des Beaux-Arts, a, dans son savant ouvrage : L'ART DE BATIR, parlé du Trait de Charpente, mais c'est bien plutôt pour le critiquer que pour en démontrer les principes, et il se trompe parfois dans ses critiques et dans ses démonstrations... Il conteste à Philibert de l'Orme l'invention du système de Charpente qui porte son nom... Son ouvrage est du commencement de ce siècle.

Le colonel du Génie Emy a publié, vers 1840, un ouvrage fort complet et fort détaillé, tant sur la théorie que sur la pratique de la Charpente. Trop complet et trop détaillé même; car il a parlé mal à propos de la pratique de notre état sans la connaître. Et la preuve, c'est qu'il dit que dans l'opération de la *piqûre*, le cordeau du plomb *doit toucher* aux deux pièces alors *en chantier*... Fourneau avait dit tout le contraire, *Et il avait grandement raison.*

Guérin (Louis), plus particulièrement connu par les Charpentiers du commencement de ce siècle sous la dénomination du PÈRE GUÉRIN, était petit-fils d'un habile Maître Charpentier de Paris, nommé Guillaume Guérin , qui, en 1724, *Rippa tout brandi* la flèche du clocher de l'église Saint-Leu, depuis la tour qui la supportait et qui menaçait ruine sur une autre bâtie à la même hauteur et à huit mètres de distance.

Le père Guérin fit son apprentissage sous la direction de Fourneau, dont il était l'élève de prédilection, et auquel il succéda dans la démonstration du trait de charpente aux Compagnons Charpentiers. Il leur a laissé de nombreux modèles qui, par la difficulté du tracé et le fini de l'exécution, en font de vrais chefs-d'œuvre de stéréotomie. Quand l'âge lui eut retiré les forces qui sont indispensables pour exercer notre état, la Société des Compagnons passants Charpentiers lui servit jusqu'à sa mort une pension qui le mit à l'abri du besoin. Il était né à Versailles en 1750, et il mourut à Paris en 1823.

N° 2.

On appelle *Tâter* une voûte en la décintrant, la décaler avec précaution pour s'assurer de sa solidité.

N° 3.

Jean Rouvet est l'inventeur du flottage des bois. On voit son buste sur le pont de Clamecy.

N° 4.

Mathurin Jousse a dit que l'étude de la Charpente est le complément de celle de la *tant belle et recommandable science de l'architecture.*

N° 5.

L'Ostéologie est une science qui a pour but la connaissance des os des corps organisés.

N° 6.

Suivant une légende païenne, les pierres des murailles de la ville de Thèbes se seraient mises seules en place, charmées qu'elles étaient par les accords de la lyre d'un musicien nommé Amphion.

N° 7.

On appelle *escamoter le trait* dans la pratique, glisser habilement sur ses principes dans l'exécution.

N° 8.

Rondelet prétend que le pont d'Orléans a été voûté contrairement aux lois de la statique. Quoi qu'il en soit, il a résisté depuis plus d'un siècle à de nombreux débordements de la Loire; tandis que son voisin, construit pour le chemin de fer du centre, et sans doute érigé suivant toutes les prescriptions de la science moderne, a été emporté par la première crue du fleuve.

N° 9.

Le Colonel Emy est l'auteur d'un système de Charpente qui, à l'inverse de celui de Philibert de l'Orme, place les bois sur plat en les faisant ployer pour la construction des fermes portant leur cintre par dessous. Ce système n'a guère été employé que par son auteur dans différentes casernes pour couvrir des manéges. Il a été critiqué dans un savant raprapport que le général du Génie Ardent (alors capitaine), adressait au Ministre de la Guerre du temps.

N° 10.

L'étude du Trait de Charpente se divise en deux parties distinctes, qui, bien que fondées sur les mêmes principes, diffèrent essentiellement quant à leur tracé. Ce sont l'étude de la théorie du trait, ou son dessin étudié dans tous ses détails, et son étude pratique, ou *l'école du cordeau,* où l'on s'attache à simplifier toutes les opérations.

De ce que le premier mode présente des détails minutieux et souvent répétés, tandis que le second est parfois inintelligible pour les personnes qui ne sont pas du métier; quelques critiques chicaneurs, affectant avec plus ou moins de bonne foi de confondre ces deux genres d'étude, les ont ironiquement blâmés.

Rondelet a cru devoir consacrer à ce blâme un chapitre de son savant ouvrage, sous le titre *d'abus de l'art du trait*, et j'ai entendu un praticien des plus capables, qualifier le dessin de l'école du Cordeau, de *Stéréotomie à rebrousse poil.* Malgré toute ma déférence pour l'opinion de ces deux maîtres, je crois qu'ils n'étaient pas plus dans le vrai, le premier théoriquement que le second pratiquement.

N° 11.

L'Évangile dit que N.-S. JÉSUS-CHRIST a fait l'apprentissage du métier de Charpentier sous la direction de Saint Joseph, auquel il était soumis.

N° 12.

Cette recommandation n'a plus de nos jours autant d'à-propos que du temps du père Guérin, où l'on ne faisait que fort peu d'escaliers qui ne fussent pas à limons pleins.

N° 13.

On dit qu'un escalier à jour allongé est gironné *en deux temps*, quand la direction des marches dans le plan est d'équerre aux limons droits et rayonnante aux courbes. On peut en voir des exemples dans le vieil ouvrage de Mathurin Jousse, et dans celui beaucoup plus moderne de Doulliot.

N° 14.

On appelle Escalier Entonnoir, l'Escalier rampant dont le jour serait conique : il n'a pas d'applications pratiques raisonnables. Il est cependant utile de l'étudier et de le modeler afin de se familiariser avec les tracés difficiles et avec le travail de précision.

N° 15.

L'ingénieur Riquet a conçu le tracé du canal du Languedoc joignant l'Océan à la Méditerranée, et il en a dirigé les travaux.

N° 16.

La flèche de la cathédrale de Dijon qui est très élancée, est toute tordue par les vents. On prétend que c'est cette circonstance qui a donné à Fourneau l'idée de sa *flèche torse.*

N° 17.

J'ai été employé aux études des avant-projets des travaux de la voie, pour les chemins de fer de Paris à Corbeil, Orléans et Lyon.

N° 18.

Le père Soubise est le fondateur du Devoir des Compagnons passants Charpentiers Bondrilles. Suivant la légende, il serait originaire de l'Égypte, où il aurait conçu et dirigé les échafaudages des Pyramides. Soubise, dit-on, *vit toujours*, et ayant quitté l'Égypte et traversé la mer Rouge sous la conduite de Moïse, *à pieds secs et sans bateau*, il fit dans le désert la connaissance de MAÎTRE JACQUES, avec lequel il construisit l'arche de l'alliance, qui était le temple portatif des

Juifs. Soubise en fit le gros œuvre, et Maître Jacques en fit la menuiserie. On prétend que ce sont eux que la Bible désigne au livre de l'Exode, sous les noms de Bézéléel et Ooliab, et dont elle dit : *L'Esprit du Seigneur les remplit de sagesse pour faire toutes sortes d'ouvrages en bois*. Enfin le nom de Soubise serait composé des initiales de sept mots hébreux dont la traduction française signifie : *Sagesse, Obéissance, Union, Bienfaisance, Intelligence, Science et Espérance*.

N° 19.

Ces quatre mots et Signes : Jhesu.. Maria.·. Joseph.·. Anna.·. ont été depuis la naissance du Christianisme jusqu'en 1793, la devise des Compagnons Charpentiers. (Le signe .. veut dire : *Miserere nobis,* ou Ayez pitié de nous ! et celui-ci .·. *Ora pro nobis,* ou Priez pour nous !) A cette époque, on la remplaça par les quatre lettres : U.·. V.·. G.·. T.·., qui ont différentes significations. On en a fait une profession de foi chrétienne par ces quatre mots latins : *Unicum Verbum Glorificamus, Te!* que l'on traduit ainsi : Verbe unique, ou *Dieu unique, nous vous glorifions!* On a dit aussi dans le même langage latin : *Ubivis Virtus Gubernet, Te.* Ou que tu sois, que la vertu te gouverne, etc...

N° 20.

Les Charpentiers ont reçu Compagnons les Couvreurs en 1755, et les Plâtriers en 1797.

N° 21.

On dit qu'en 1793, deux Charpentiers français : Un *Loup*

(Bondrille indigne), nommé LEPERRIN, et un *Renard* du nom de DIEN, conseillés par le patriote HASSENFRATZ, membre de l'Académie des Sciences, imaginèrent le DEVOIR DE LIBERTÉ. De leurs deux noms réunis, ils firent LE PÈRE INDIEN, en opposition au PÈRE SOUBISE.

N. B. Je n'ai pas l'intention d'imposer à personne comme un article de foi, l'explication de l'origine de ces trois mots: LE PÈRE INDIEN, mais je ne crois pas que cette explication soit dénuée de vraisemblance. Je déclare aussi que je ne prétends nullement mettre en doute l'honorabilité des sectateurs de cet adversaire de notre vieux PÈRE SOUBISE; mais je voudrais leur faire remarquer que leurs prétentions sont en désaccord complet avec le bon sens et la logique... Et d'abord, qu'entendent-ils par ces trois mots : DEVOIR DE LIBERTÉ?—Si leur Société est un DEVOIR, ils ne peuvent pas être en liberté; et s'ils sont en liberté, c'est qu'ils n'ont à obéir à aucun DEVOIR... Quant à leur titre de COMPAGNONS DE LIBERTÉ, j'avoue qu'il est *ronflant*, et qu'il peut être fort adroit dans certains cas de prôner la liberté; mais ce titre, tout séduisant qu'il paraisse, ne prouve pas en faveur de leur ancienneté; et la prétention qu'ils ont d'avoir eu le roi SALOMON pour fondateur est à mon avis une grande maladresse, car tout le monde sait que ce fils adultérin de DAVID et de Madame URIE était fort peu libéral; et que s'il a écrit le Livre de la Sagesse, il n'a pas toujours pratiqué cette belle vertu... Témoins ses orgies avec Madame SABA, avec ses sept cents épouses et ses trois cents concubines... Ce fragment de couplet ne ment donc pas trop quand il dit :

Salomon qui fut un despote,
Dont la sagesse fit ribotte,
Me semble un assez plaisant choix
Pour vivre libre sous ses lois...

N° 22.

Le Cordeau de Saint Joseph, dit la Légende, était filé avec du *poil de grenouilles*, et il avait la propriété de refendre les bois si l'on battait deux coups en les lignant.

N° 23.

C'est Monsieur Lance, ancien Maître Charpentier et mon ami qui, en 1859, m'a donné les premiers principes de la gaie science, et Monsieur son fils, Chevalier de la Légion d'Honneur et architecte du Gouvernement, ayant bien voulu jeter un coup d'œil sur le manuscrit de l'*Art de la Charpente*, en a approuvé le but, et m'a donné des conseils dont je suis très-reconnaissant et que j'ai tâché de suivre le mieux qu'il m'a été possible de le faire.

N° 24.

Le Sphinx est un monstre fabuleux ayant la tête d'une femme, le corps d'un lion et des ailes d'aigle. On en voit encore des statues colossales auprès des pyramides d'Égypte, érigées sous les rois Pharaon, environ deux mille ans avant l'ère chrétienne.

TABLE DES MATIÈRES.

Pages.

FIN DE LA TABLE.

Paris. — Imp. Prissette, pass. Kussner, 17. — Maison pass. du Caire, 17.

www.ingramcontent.com/pod-product-compliance
Ingram Content Group UK Ltd.
Pitfield, Milton Keynes, MK11 3LW, UK
UKHW020313220726
13923UKWH00003B/1123